TEOLOGIA DO PAPA FRANCISCO

ESPÍRITO SANTO

VICTOR CODINA

Paulinas

Dados Internacionais de Catalogação na Publicação (CIP)
(Câmara Brasileira do Livro, SP, Brasil)

Codina, Victor
  Espírito Santo / Victor Codina ; [tradução Jaime Clasen]. – São Paulo : Paulinas, 2018. – (Coleção teologia do Papa Francisco)

  Título original: Espíritu santo en Francisco
  ISBN 978-85-356-4382-4

  1. Espírito Santo 2. Francisco, Papa, 1936- 3. Papas - Magistério 4. Reforma da Igreja 5. Teologia 6. Vida cristã I. Título. II. Série.

18-13401   CDD-262.13

Índice para catálogo sistemático:
1. Igreja Católica : Papas : Magistério pastoral   262.13

Título original: Espíritu Santo en Francisco

1ª edição – 2018
1ª reimpressão – 2018

Direção-geral:	Flávia Reginatto
Conselho editorial:	Dr. Antonio Francisco Lelo
	Dr. João Décio Passos
	Maria Goretti de Oliveira
	Dr. Matthias Grenzer
	Dra. Vera Ivanise Bombonatto
Editores responsáveis:	Vera Ivanise Bombonatto
	João Décio Passos
Tradução:	Jaime Clasen
Copidesque:	Ana Cecilia Mari
Coordenação de revisão:	Marina Mendonça
Revisão:	Sandra Sinzato
Gerente de produção:	Felício Calegaro Neto
Diagramação:	Jéssica Diniz Souza

Nenhuma parte desta obra poderá ser reproduzida ou transmitida por qualquer forma e/ou quaisquer meios (eletrônico ou mecânico, incluindo fotocópia e gravação) ou arquivada em qualquer sistema ou banco de dados sem permissão escrita da Editora. Direitos reservados.

Paulinas
Rua Dona Inácia Uchoa, 62
04110-020 – São Paulo – SP (Brasil)
Tel.: (11) 2125-3500
http://www.paulinas.com.br – editora@paulinas.com.br
Telemarketing e SAC: 0800-7010081

© Pia Sociedade Filhas de São Paulo – São Paulo, 2018

TEOLOGIA DO PAPA FRANCISCO

A presente coleção Teologia do Papa Francisco resgata e sistematiza os grandes temas teológicos dos ensinamentos do papa reformador. Os pequenos volumes que compõem mais um conjunto da Biblioteca Francisco retomam os grandes temas da tradição teológica presentes no fundo e na superfície desses ensinamentos tão antigos quanto novos, oferecidos pelo Bispo de Roma. São sistematizações sucintas e didáticas; gotas recolhidas do manancial franciscano que revitalizam a Igreja e a sociedade por brotarem do coração do Evangelho.

CONHEÇA OS TÍTULOS DA COLEÇÃO:

ESPÍRITO SANTO
Victor Codina

IGREJA DOS POBRES
Francisco de Aquino Júnior

IGREJA SINODAL
Mario de França Miranda

ORGANIZAÇÕES POPULARES
Francisco de Aquino Júnior

INTRODUÇÃO

Diante da pergunta que muitos se fazem sobre se Francisco é realmente teólogo, pergunta essa que muitas vezes nasce da suspeita ou inclusive da acusação de sua incompetência em teologia, é necessário um esclarecimento de conceitos e de termos.

Para isso, acudimos a um conhecido texto de Santo Tomás de Aquino, no qual ele distingue a existência de duas diferentes cátedras na Igreja: a *cathedra pastoralis*, dos pastores que exercem o ministério ordenado hierárquico na Igreja, singularmente bispos e papa, e a *cathedra magisterialis*, dos teólogos e doutores, professores das universidades da Igreja.[1] Os dois magistérios não são paralelos, mas convergentes, às vezes se identificam (como em muitos padres da Igreja), outras vezes não, e entre os dois magistérios sempre houve tensões que, segundo Newman, se bem levadas, conduzem a um mútuo enriquecimento e equilíbrio.

Suposto isso, embora o jovem jesuíta P. Jorge Mário Bergoglio por algum tempo ensinasse pastoral na Faculdade de Teologia dos Jesuítas de San Miguel, em Buenos

---

[1] *Quodlibet* III, 9, ad 3; *In IV Sent,* d 19,2,2, 1 qa 2, ad 2.

Aires, nunca se dedicou a ser um profissional acadêmico da filosofia e teologia – de modo diferente do filósofo Karol Woijtila e do teólogo Joseph Ratzinger, seus predecessores imediatos no pontificado –, mas foi antes de tudo um pastor.

O Papa Francisco não exerce a cátedra magistral, mas a cátedra pastoral, em continuidade com o seu magistério pastoral como bispo e cardeal de Buenos Aires. A sua atuação não é a de um teólogo profissional e acadêmico, mas a de um pastor que busca antes de tudo o bem espiritual do povo de Deus.

A partir deste esclarecimento, pode-se entender que o ensino de Francisco sobre o Espírito Santo não será o de um professor acadêmico de Pneumatologia (quer dizer, uma reflexão científica e acadêmica sobre o Espírito), mas a de um pastor preocupado com a vida de seu povo no Espírito.

Não encontraremos no magistério de Francisco uma Pneumatologia bíblica, patrística e sistemática, no estilo das de Congar, Hilberath, Mühlen, Durrweell, Sesboüe, Comblin, Boff... Francisco não se dedica a expor a história e a evolução do dogma do Espírito Santo, nem as controvérsias de Roma com o Oriente cristão sobre a origem ou procession do Espírito no Mistério Trinitário (o *Filioque*), nem as razões pelas quais o Espírito Santo ficou como que oculto e debilitado na Igreja latina, como expuseram os teólogos ortodoxos (o chamado "cristomonismo" ou o centramento exclusivo em Cristo). Francisco se interessa mais em falar do Espírito como princípio de vida nos fiéis, na Igreja e na sociedade. Para Francisco, o Espírito é o motor e o dinamismo vital que nos chama a uma reforma da Igreja. Nesse sentido, a teologia do Espírito de Francisco é pastoral e profética e, como todo profetismo denuncia a realidade contrária a Deus, anuncia o projeto de Deus e chama à conversão pessoal e estrutural.

Por isso, a nossa exposição constará de duas partes bem diferenciadas. Numa primeira parte, exporemos as referências diretas e explícitas ao Espírito nos principais documentos do magistério de Francisco, para passar, numa segunda parte, a investigar as referências implícitas ao Espírito existentes em sua reforma profética da Igreja.

1
MAGISTÉRIO EXPLÍCITO
DE FRANCISCO SOBRE O ESPÍRITO

O que diz Francisco sobre o Espírito nos principais documentos de seu magistério?

1.1. *Evangelii gaudium*, A alegria do Evangelho (novembro de 2013)

Em *Evangelii gaudium* (EG) fala do Espírito não de forma abstrata e teórica, mas como o dinamismo vital que anima a Igreja e a faz passar de uma atitude pessimista, de desânimo (acídia) ou simplesmente empresarial, a uma atitude de conversão e de reforma, promovendo uma evangelização querigmática, quer dizer, de anúncio alegre do Evangelho.

O Espírito guia o povo de Deus para a verdade (EG 119), está presente na religiosidade popular (EG 126), mobiliza-nos para atender os outros (EG 199), harmoniza as diversidades (EG 230), produz frutos no ecumenismo fomentando um intercâmbio de dons e do Espírito entre as diversas Igrejas (EG 246), está presente nos ritos dos não cristãos e suscita neles sabedoria prática (EG 254).

O capítulo V de EG, "Evangelizadores com Espírito", é o que com mais frequência cita e invoca o Espírito. Os evangelizadores hão de estar abertos à ação do Espírito, este Espírito que em Pentecostes infundiu força para anunciar a novidade do Evangelho com ousadia (EG 259). Havemos de invocar o Espírito para que a ação evangelizadora não fique vazia e sem alma (EG 259). Há de se evangelizar não só com espírito, mas também com o Espírito Santo, que é a alma da Igreja evangelizadora. Há de se invocar o Espírito para sacudir, renovar e impulsionar a Igreja em ousada saída evangelizadora, para evangelizar a todos (EG 261). A missão não é um projeto empresarial, mas fruto do Espírito (EG 279). Esse Espírito, ligado a Jesus ressuscitado, atua como quer e quando quer. Havemos de deixar que seja ele quem faça fecundos nossos esforços (EG 279). Havemos de ter uma confiança decidida no Espírito, pois ele vem em auxílio de nossa fraqueza (Rm 8,26), e "pode curar-nos de tudo o que nos faz esmorecer no compromisso missionário" (EG 280).

Citemos textualmente um parágrafo no qual Francisco nos transmite a sua experiência espiritual:

> É verdade que esta confiança no invisível pode causar-nos alguma vertigem: é como mergulhar num mar onde não sabemos o que vamos encontrar. Eu mesmo o experimentei tantas vezes. Mas não há maior liberdade do que a de se deixar conduzir pelo Espírito, renunciando a calcular e controlar tudo e permitindo que ele nos ilumine, guie, dirija e impulsione para

onde ele quiser. O Espírito Santo bem sabe o que faz falta em cada época e em cada momento. A isto chama-se ser misteriosamente fecundos! (EG 280).

O capítulo V termina com uma referência a Maria, que com o Espírito está sempre no meio do povo (EG 284) e reconhece a presença do Espírito nos grandes e pequenos acontecimentos (EG 288).

Evangelii gaudium termina com uma oração a Maria, que, movida pelo Espírito, acolheu o Verbo da vida e esteve em Pentecostes à espera do Espírito para que nascesse a Igreja evangelizadora, e que pede que nos consiga um novo ardor para levar o Evangelho da vida que vence a morte, "para que a alegria do Evangelho chegue até os confins da terra e nenhuma periferia fique privada de sua luz"(EG 288).

Após esta breve exposição, fica claro que Francisco, em *Evangelii gaudium*, não se manifesta como teólogo profissional de Pneumatologia, mas como pastor preocupado com a evangelização que utiliza corretamente os dados da revelação para fomentar a vida do povo.

1.2. *Misericordiae vultus*, Bula de convocação do Jubileu extraordinário da misericórdia (abril de 2015)

Essa Bula do Jubileu da misericórdia é um texto breve, mais trinitário e cristológico que diretamente pneumatológico: "Jesus Cristo é o rosto da misericórdia do Pai", que nos revela a misericórdia do Pai (MV 1).

Contudo, há algumas alusões ao Espírito. Ao recordar que esse Jubileu é convocado aos 50 anos da conclusão do Concílio Vaticano II, afirma-se que o Vaticano II foi "um verdadeiro sopro do Espírito" (MV 4) que ajudou a derrubar as muralhas que por muito tempo "tinham encerrado a Igreja numa cidadela privilegiada", bem como a lançar a Igreja na evangelização. O tema da misericórdia enlaça com o desejo de João XXIII de preferir na Igreja a misericórdia à severidade e com a afirmação de Paulo VI de que a espiritualidade do concílio é a do bom samaritano (MV 4). Desse modo, o tema da misericórdia se conecta com o Vaticano II, fruto do Espírito. Por isso se afirma: "O Espírito Santo, que conduz os passos dos crentes de forma a cooperarem para a obra de salvação realizada por Cristo, seja guia e apoio do povo de Deus a fim de o ajudar a contemplar o rosto da misericórdia" (MV 4).

Quer dizer, é o Espírito quem nos conduz a Cristo, rosto da misericórdia do Pai, quem nos leva a Cristo compassivo e misericordioso, quem nos revela que Deus é amor (MV 8), e o Espírito nos faz compreender que a misericórdia é a palavra-chave da Escritura para indicar o agir de Deus para conosco (MV 9), que a misericórdia é a viga mestra da Igreja (MV 10), uma Igreja que nos chama a ser misericordiosos como o Pai (MV 13).

A Bula também cita o texto de Lucas que nos narra como Jesus na sinagoga de Nazaré atualiza a profecia de Isaías 61,12:

> O espírito do Senhor Deus está sobre mim, porque o Senhor me ungiu: enviou-me para levar a boa-nova aos que sofrem, para curar os desesperados, para anunciar a libertação aos exilados e a liberdade aos prisioneiros; para proclamar um ano de misericórdia do Senhor (MV 16).

Desse modo, na Bula se manifesta a ação do Espírito na atitude misericordiosa e libertadora de Jesus, na Igreja que quer revelar a misericórdia divina e nos crentes, para que contemplem o rosto da misericórdia em Cristo e sejam misericordiosos como o Pai.

Também aqui Francisco aparece não como o doutor em Pneumatologia, mas como o pastor bom e sábio que invoca o Espírito e recorre a ele para levar a Igreja pelo caminho da misericórdia.

1.3. *Laudato si'*, sobre o cuidado da casa comum (maio de 2015)

Se até agora, nos documentos anteriores, Francisco se concentrara na presença dinamizadora do Espírito na Igreja, em *Laudato si'* se abre ao cósmico e ecológico, a toda a criação e à interconexão com tudo.

O ponto de partida é trinitário, Pai, Filho e Espírito, Espírito que é "vínculo infinito de amor, está intimamente presente no coração do universo, animando e suscitando novos caminhos" (LS 238). Toda criatura traz em si uma estrutura propriamente trinitária (LS 239), é uma trama de relações segundo o modelo divino, e a consequência é que tudo está interligado (LS 240).

"O Espírito de Deus encheu o universo de potencialidades que permitem que, do próprio seio das coisas, possa brotar sempre algo de novo" (LS 80). Em cada criatura habita o Espírito vivificante que nos chama a uma relação com ele e estimula em nós o desenvolvimento das "virtudes ecológicas" (LS 88), de uma conversão ecológica e de uma espiritualidade ecológica não desconectada da natureza (LS 216), de um estilo de vida profético, que se alegre com o pouco, "quanto menos, tanto mais" (LS 222), de uma espiritualidade que implica paz interior, ecologia integral (LS 226), de fraternidade universal (LS 229), com microrrelações e macrorrelações, cultura do cuidado, proteção de toda a vida (LS 231), integrando descanso e festa (LS 237), caminhando para o sábado eterno, para a nova Jerusalém (LS 243), com uma mística que "sente que Deus é para ele todas as coisas", como afirma João da Cruz (LS 234).

Dentro da criação, a pessoa humana é templo do Espírito e, na liturgia sacramental, através da matéria, chega a unir-se ao Senhor Jesus, feito corpo para a salvação do mundo (LS 235).

"O Espírito Santo possui uma inventiva infinita, própria da mente divina, que sabe prover a desfazer os nós das vicissitudes humanas mais complexas e impenetráveis" (LS 80).

Na oração final se pede:

Espírito Santo, que, com a vossa luz,
guiais este mundo para o amor do Pai
e acompanhais o gemido da criação,
vós viveis também nos nossos corações
a fim de nos impelir para o bem.
Louvado sejais! (...)
Os pobres e a terra estão bradando:
Senhor, tomai-nos
sob o vosso poder e a vossa luz,
para proteger cada vida.

Nessa encíclica, Francisco incorpora dimensões do Espírito não habituais nem na teologia ordinária nem na pastoral. E o fundamenta trinitariamente: "O mundo foi criado pelas três Pessoas como um único princípio divino, mas cada uma delas realiza esta obra comum segundo a própria identidade pessoal" (LS 238). Dentro dessa obra comum trinitária, Francisco reconhece de um modo especial a obra do Espírito.

Tudo isso, porém, não desde uma preocupação dogmática e doutoral, mas pastoral, para que o Espírito nos conduza a uma conversão e a uma espiritualidade ecológica, que nos leve a proteger toda vida, preparar um futuro melhor, para que venha um Reino de paz, de amor e de beleza, como pede a oração final do texto.

1.4. *Amoris laetitia*, A alegria do amor (março de 2016)

Esta exortação pós-sinodal sobre o amor na família, fruto das duas sessões sinodais em 2014 e em 2015, não por acaso se enquadra dentro do Jubileu da misericórdia, aos 50 anos do encerramento do Vaticano II, como já vimos.

Nesse contexto, aparece como novo paradigma o discernimento pastoral; como já foi dito (J. Masiá), passa-se do semáforo obrigatório a todos (verde ou vermelho) para a bússola que em cada situação pessoal e contextual distingua o melhor.

Amoris laetitia reflete uma imagem de Igreja diferente da Igreja de cristandade, e em tudo isso o Espírito desempenha um papel decisivo, pois a Igreja está atenta ao Espírito que derrama o bem no meio da fragilidade (AL 308).

O casal matrimonial reflete o amor criador trinitário, do Pai, do Filho e do Espírito de amor. "Este amor na família divina é o Espírito Santo" (AL 11).

Os esposos, em seu mútuo amor, recebem o Espírito de Cristo e vivem sua chamada à santidade (AL 69). A bênção nupcial dos contraentes, típica na Igreja oriental, é sinal do Espírito. O amor forte derramado pelo Espírito no sacramento do Matrimônio é reflexo da Aliança inquebrantável entre Cristo e a humanidade: "O Espírito, que o Senhor infunde, dá um coração novo e torna o homem e a mulher capazes de se amarem como Cristo nos amou" (AL 120, citando João Paulo II em *Familiaris consortio* 94).

Porém, a ação do Espírito no Matrimônio e na família não se limita apenas ao Matrimônio sacramental cristão, mas há elementos positivos em formas matrimoniais de outras tradições religiosas, onde também o Espírito está presente, vivo e atuante (AL 77).

Essa presença e atuação do Espírito aparecem singularmente no capítulo VIII dessa exortação, onde se trata de "acompanhar, discernir e integrar a fragilidade". Nesse contexto, Francisco faz uma sincera confissão pessoal: "creio sinceramente que Jesus Cristo quer uma Igreja atenta ao bem que o Espírito derrama no meio da fragilidade" (AL 308). Por isso, a Igreja não renuncia ao bem possível e à lógica da compaixão, ainda que corra o risco de manchar-se com a lama do caminho (AL 308).

É essa atitude que permite interpretar corretamente a controvertida nota de rodapé 351 (na qual se abre a possibilidade de discernir se um divorciado que tornou a casar pode receber a confissão e comunhão), que foi muito mal interpretada por pessoas que não levam em conta o contexto do Espírito na lógica da misericórdia, nem o discernimento pastoral.*

A Trindade, e por isso o Espírito, está presente no templo da comunhão matrimonial (AL 314), é preciso invocar o Espírito cada dia (AL 320), "sob o impulso do Espírito, o núcleo familiar não só acolhe a vida gerando-a no próprio seio, mas abre-se também, sai de si para derramar o seu bem nos outros, para cuidar deles e procurar a sua felicidade" (AL 324).

De novo aparece o Espírito não desde preocupações dogmáticas, mas desde a pastoral, onde o Espírito de amor conjugal e familiar se faz presente no amor conjugal e familiar e se derrama em situações de fragilidade humana.

Recapitulando tudo o que foi visto até agora nesses quatro documentos do magistério de Francisco (EG, MV, LS, AL), podemos concluir que certamente Francisco não exerce o magistério doutoral dos profissionais da teologia,

---

* A nota 351 reza assim [N.T.]: "Em certos casos, poderia haver também a ajuda dos sacramentos. Por isso, 'aos sacerdotes, lembro que o confessionário não deve ser uma câmara de tortura, mas o lugar da misericórdia do Senhor' [Francisco, Exort. ap. *Evangelii gaudium* (24 de novembro de 2013), 44: *AAS* 105 (2013), 1038]. E de igual modo assinalo que a Eucaristia 'não é um prêmio para os perfeitos, mas um remédio generoso e um alimento para os fracos' [Ibid., 47: *o. c.*, 1039]".

nem pretende expor uma Pneumatologia científica, mas sua cátedra é a do magistério pastoral: apresenta o Espírito como Senhor e vivificador da criação e da Igreja, que impulsiona e move para o novo e alegre anúncio do Evangelho (EG), nos leva para Cristo, rosto da misericórdia do Pai (MV), dá vida e alenta toda a criação (LS) e se faz presente no amor dos esposos e das famílias (AL).

E essa apresentação pastoral do Espírito está perfeitamente em sintonia com a fé e a tradição da Igreja e é teologicamente irrepreensível e ortodoxa.

Vejamos agora outra dimensão de seu magistério pastoral, a do Espírito que fala pelos profetas.

2

A PRESENÇA DO ESPÍRITO NO MAGISTÉRIO PASTORAL PROFÉTICO DE FRANCISCO

O princípio enunciado por Francisco de que "a realidade é mais importante que a ideia" (EG 231) é o que o move a ir além das afirmações teológicas sobre o Espírito e a lançar-se, movido pelo Espírito, a uma pastoral profética, em continuidade com o impulso profético de João XXIII, impulso que foi freado nos dois últimos pontificados.

Diante do "Já não tenho mais forças" de Bento XVI, em sua exemplar e admirável renúncia pontifical, porém, reflexo de uma Igreja sacudida pelas ondas da tempestade, Francisco, movido pelo Espírito profético, se lança a realizar a tripla dimensão de toda autêntica profecia: a denúncia, o anúncio e a reforma ou a transformação, tanto eclesial como social. Ainda que nessa dimensão pastoral profética não se enuncie nem se invoque explicitamente o Espírito, o Espírito está presente e atuante como dinamismo, motor e novidade.

2.1. Denúncia profética

Francisco denuncia profeticamente os aspectos de nossa sociedade contrários ao Evangelho do Reino. Não a uma economia da exclusão e da iniquidade, não a uma economia que mata, não a uma economia sem rosto humano, não a um sistema social e econômico injusto que se cristaliza em estruturas sociais injustas, não a uma globalização da indiferença, não à idolatria do dinheiro, não a um dinheiro que governa no lugar de servir, não a uma iniquidade que engendra violência, não a uma violência que se escuda em Deus para justificar-se, não à insensibilidade social que nos anestesia diante do sofrimento alheio, não ao armamentismo e à indústria da guerra, não ao tráfico de pessoas, não a qualquer forma de morte provocada (EG 52-60)... No fundo, Francisco atualiza o mandamento de não matar e defender o valor da vida humana, desde o começo até o final. Francisco atualiza em Lampedusa a pergunta de Javé a Caim: "Onde está o teu irmão?".

Em *Laudato si'*, diante da contaminação e da mudança climática, ou da perda da biodiversidade, da deterioração da qualidade de vida humana e da degradação social, Francisco denuncia a existência do paradigma tecnocrático homogêneo e unidimensional que se impôs à humanidade de hoje, com nefastas consequências ambientais e sociais (LS 101-

110), sem que os dirigentes políticos se animem a controlá-lo e trocá-lo por outro paradigma mais humano e social. Porém, junto a essa denúncia profética de nossa sociedade, Francisco – através de seus documentos, mensagens, homilias e gestos simbólicos – critica também atitudes dos cristãos e das Igrejas contrárias ao Evangelho: não à mundanidade espiritual, não à acídia (ou apatia) pastoral, não ao pessimismo estéril, não aos profetas de calamidades, não aos desencantados com cara amarrada, não aos cristãos tristes com cara de funeral ou de quaresma sem Páscoa, não à guerra entre nós; não deixemos que nos roubem a comunidade, nem o Evangelho, nem o ideal do amor fraterno, nem a força missionária; não aos que creem que nada possa mudar; não a uma Igreja encerrada em si mesma e autorreferencial, não a uma obsessão moralista que esquece o anúncio alegre do Evangelho, não aos pastores que se creem príncipes da Igreja e estão sempre nos aeroportos, não ao clericalismo, não aos que desejam voltar ao passado anterior ao Concílio, não à falsa alegria, não aos que convertem os sacramentos em aduanas e a confissão numa sala de tormento, não a restringir a força missionária da religiosidade popular que é fruto do Espírito, não a converter-nos em peritos de diagnósticos apocalípticos, não a reduzir o Evangelho a uma relação pessoal com Deus e a uma caridade *à la carte*, não a uma religião reduzida ao âmbito privado e a preparar almas para o céu; não é suficiente não cair em erros doutrinais, se somos passivos ou cúmplices da injustiça e dos governos que as mantêm...

No fim do ano de 2014, o Papa Francisco dirigiu a sua habitual alocução à Cúria vaticana, mas, desta vez, depois de algumas palavras de gratidão por seu trabalho, lançou uma dura advertência sobre as quinze enfermidades que ameaçam a Cúria: sentirem-se imortais, imunes a toda crítica, indispensáveis, caindo na patologia do poder; o excessivo ativismo com detrimento de outras dimensões humanas necessárias; a fossilização mental que conduz à falta de sensibilidade humana diante dos problemas dos outros e que impede de chorar com os que choram e rir com os que riem; a excessiva planificação e funcionalidade burocrática; a má coordenação com outros grupos; o Alzheimer espiritual que leva a esquecer as raízes da própria identidade e a ser escravos dos ídolos que nós mesmos fabricamos; a rivalidade e a vanglória; a esquizofrenia existencial que produz uma vida dupla e leva à hipocrisia; as fofocas e murmurações dos demais; divinizar os chefes esperando a sua benevolência; a indiferença diante dos problemas dos outros; a arrogância e a rigidez austera; a ânsia de acumular bens materiais; manter um círculo fechado de poder; o exibicionismo e a busca de poder.

Muitos setores da Igreja se alegraram com essas proféticas palavras de Francisco, que recordam as invectivas de Jesus contra os escribas e fariseus... Mas, ao terminar a sua alocução, Francisco disse que tudo isso também devia ser aplicado a toda a Igreja, às comunidades, às dioceses e cúrias episcopais, às paróquias, às congregações religiosas e aos movimentos eclesiais.

Mais ainda, embora as advertências de Francisco se apoiem na fé cristã e se dirijam a membros da Igreja, suas linhas fundamentais têm uma validade mais ampla e podem ser aplicadas também aos dirigentes da sociedade civil: aos líderes políticos e sociais, aos dirigentes do estamento militar e policial, aos funcionários de justiça, às autoridades acadêmicas e universitárias, aos médicos, aos empresários e profissionais do comércio, aos cientistas e técnicos, aos chefes de sindicatos e grupamentos cívicos, aos diversos movimentos sociais e populares, desportivos etc.

2.2. Volta ao essencial

Os profetas de Israel, depois de denunciar as injustiças e idolatria do povo, anunciam a boa-nova do projeto de Deus, anunciam boas notícias.

Diante da difícil e crítica situação da Igreja que Francisco herda, ele não quer reforçar nem acentuar o dogmático, o jurídico e o moral, mas realiza uma verdadeira mudança de paradigma pastoral.

Francisco passa do dogma ao querigma e à mistagogia, quer dizer, passa da enunciação de verdades de fé, irrenunciáveis, mas insuficientes se previamente não houver uma aproximação de Jesus de Nazaré, do anúncio e do encontro pessoal com a pessoa de Jesus Senhor, morto e ressuscitado para nos salvar, de modo que a fé cristã seja antes de tudo uma experiência espiritual de encontro através do Evangelho com Jesus Cristo, como aconteceu com os primeiros discípulos de Jesus.

Nesse sentido, o começo da vida cristã implica uma mistagogia, quer dizer, uma iniciação à experiência espiritual do mistério de Jesus. Francisco assume e repete umas lúcidas palavras de Bento XVI: "Ao início do ser cristão, não há uma decisão ética ou uma grande ideia, mas o encontro com um acontecimento, com uma Pessoa que dá à vida um novo horizonte e, desta forma, o rumo decisivo" (EG 7, citando *Deus é amor*, 1).

Francisco passa do moralismo ao discernimento, ou seja, de uma imposição desde cima de leis universais e intocáveis para todos, a um convite ao discernimento pastoral que leve em conta os contextos culturais, sociais e pessoais de cada fiel. A exortação pós-sinodal *A alegria do amor*, especialmente o controvertido capítulo VIII, é um exemplo dessa atitude.

Francisco passa do rigor e da severidade, típicas de uma pastoral do medo, ao anúncio da misericórdia como a essência mais profunda de Deus Pai, que se reflete para nós no rosto de Jesus. A Bula do Jubileu da misericórdia, *Misericordiae vultus*, é o exemplo mais claro. É a revolução da ternura, do amor e da misericórdia.[1] Os gestos repetidos de abraços a crianças, idosos, enfermos, mendigos, encarcerados etc. refletem essa atitude de misericórdia, são uma verdadeira pastoral do abraço.

Francisco volta a retomar o tema da Igreja dos pobres, anunciado por João XXIII, e reafirma como evangélica a opção pelos pobres (EG 198), considera a religiosidade e piedade popular como um lugar teológico, os pobres ocupam um lugar privilegiado no povo de Deus (EG 197-201) e diz que é preciso abraçar a Cristo na carne dos pobres.

Francisco passa da Pneumatologia para a espiritualidade e da Eclesiologia para uma nova eclesialidade, um novo estilo de Igreja mais de acordo com o estilo de Jesus de Nazaré. Novamente aqui aparece com clareza que Francisco não exerce a cátedra magisterial ou magistral do professor acadêmico de teologia, mas a cátedra pastoral que busca o

---

[1] KASPER, W. *El papa Francisco. Revolución de la ternura y el amor.* Santander, 2015.

bem do povo de Deus, mais concretamente, a reforma das pessoas e das estruturas eclesiais.

Francisco não pretende defender ou propagar uma nova Pneumatologia nem uma nova Eclesiologia, nem estabelecer a conexão entre ambas, mas reformar a Igreja tanto para dentro como para fora. A Pneumatologia e Eclesiologia pastoral de Francisco são proféticas e se resumem na palavra reforma. Isso já nos introduz no tema da transformação ou reforma da Igreja.

Antes, porém, de entrar no tema da reforma eclesial, digamos que em Francisco adquire muita importância o paradigma mariano, que sintetiza os elementos anteriormente destacados.

O encontro com Maria (EG 284-288) pode simbolizar a rota pastoral de Francisco. Maria aparece como o ícone feminino do Espírito e da Igreja. E tudo isso enlaçado com o caminhar do povo, pois Maria sempre está no meio do povo (EG 284). Cristo nos leva a Maria (EG 285) para que ela continue conosco a revolução de ternura e carinho que começou com Jesus, para que caminhe e lute conosco e derrame a proximidade do amor divino (EG 286).

Maria é para Francisco modelo do itinerário eclesial, é um modelo eclesial (EG 288). O povo encontra em Maria a ternura feminina de Deus, o rosto materno da Igreja, o alento e consolo da *Ruah* divina, o estilo mariano da evangelização, o dom de Jesus ao povo, o amor e a alegria para os pequenos e pobres.

Maria, mulher do povo, simboliza e encarna o novo paradigma pastoral de Francisco. A fé do povo e a piedade popular se convertem num lugar teológico privilegiado (EG 126).

2.3. A reforma eclesial

Os profetas de Israel não só denunciam o pecado e anunciam a salvação, mas também chamam à conversão. Y. M. Congar publicou antes do Concílio um famoso livro sobre verdadeiras e falsas reformas da Igreja,[2] no qual resume em quatro pontos as condições para uma verdadeira reforma eclesial: (1º) Primazia da caridade e da pastoral ante uma postura teórica, ideológica e abstrata. Não querer fazer outra Igreja, mas fazer com que a Igreja seja outra, que se renove a única Igreja de Jesus. (2º) Manter a comunhão com o conjunto eclesial, com o centro e a periferia, com a *Urbs* e o *Orbis*, não agir sozinho, mas como parte da Igreja, *agere ut pars*. (3º) Ter paciência, evitar coerções e ações violentas, mas não vacilar no que já foi decidido nem exasperar os que padecem as urgências das mudanças. É preciso tempo e sabedoria para fazer a reforma avançar. (4º)

---

[2] CONGAR, M. Y. *Verdaderas y falsas reformas en la Iglesia*. Madrid: Instituto de Estudios Políticos, 1973 (o original francês é de 1950).

Uma verdadeira renovação para chegar à tradição profunda e não introduzir novidade de forma mecânica. Uma volta às fontes, ao originário e fundacional.

Como Francisco concretiza essa reforma eclesial?

No sínodo de 2015 sobre a família, Francisco teve uma importante intervenção: "O caminho da sinodalidade é precisamente o caminho que Deus espera da Igreja do terceiro milênio. Aquilo que o Senhor nos pede, de certo modo está já tudo contido na palavra 'Sínodo'".[3]

Essa é a definição de João Crisóstomo sobre a Igreja: "Sínodo é o nome da Igreja",[4] sínodo e Igreja são sinônimos. E sínodo não significa simplesmente uma assembleia de bispos, mas "caminhar juntos", quer dizer, o caminhar de toda a Igreja em comunhão para o Reino de Deus, uma pirâmide invertida, na qual se integram o povo de Deus, o colégio episcopal e o sucessor de Pedro, o que implica uma atitude de relacionalidade e comunhão em todos os níveis da Igreja.[5]

---

[3] <http://w2.vatican.va/content/francesco/pt/speeches/2015/october/documents/papa-francesco_20151017_50-anniversario-sinodo.html>.
[4] JOÃO CRISÓSTOMO, PG 55, 493.
[5] SCHICKENDANTZ C. La reforma de la Iglesia en clave sinodal. Una agenda compleja y articulada. In: ARANGUREN L, PALAZZI F. (eds.). *Desafios de una teología iberoamericana inculturada en tiempos de globalización, interculturalidad y exclusión social. Actas del Primer Encuentro Iberoamericano de Teología*. Boston: Boston College, 2017, p. 429-464.

Isso implica reafirmar a sinodalidade de todo o povo de Deus, já que o Vaticano II afirma que todos os fiéis que têm o sentido da fé e a unção do Espírito são infalíveis em crer (LG 12). É preciso escutar o povo, pois, como afirma o papa, o caminho sinodal se inicia escutando o povo que participa da função profética de Cristo, de acordo com aquele princípio da Igreja do primeiro milênio: "O que afeta a todos, deve ser tratado por todos". A sinodalidade é a forma concreta de realizar a comunhão eclesial.

Essa sinodalidade supõe a reafirmação da colegialidade episcopal e a importância das Igrejas locais (muito questionada por *Communionis notio* de 1992, de João Paulo II, sob a influência de Ratzinger), a importância da comunhão nas Igrejas locais, uma revalorização e melhora dos sínodos episcopais diocesanos, regionais e universais, o valor doutrinal das conferências episcopais (questionado por *Apostolos suos* em 1998 por João Paulo II, sob a direção do cardeal Ratzinger). Implicaria também, a longo prazo, uma participação do povo de Deus na eleição de seus bispos, um reforço do presbitério na Igreja local, do laicato e, singularmente, maior participação das mulheres na Igreja (do que a comissão para estudar o diaconato feminino é um bom sinal), a reforma do papado já postulada por João Paulo II em 1995 em *Ut unum sint*, 95, e por Francisco (EG 32), uma descentralização do governo da Igreja (EG 16), a reforma da Cúria romana e dos cardeais, com o conselho de cardeais. Também a vida religiosa precisa evitar a autorreferencialidade e abrir-se à sinodalidade eclesial.[6]

O ecumenismo recobra novo sentido e vigência a partir da sinodalidade, pois todas as Igrejas estão caminhando em conjunto para a plenitude do Reino. As aproximações das Igrejas ortodoxas de Constantinopla e Rússia, os encontros com as Igrejas da reforma (Lund) e as anglicanas são um bom sinal. O diálogo inter-religioso faz parte desse caminho comum sinodal.

Não podemos, porém, nos esquecer de que a atitude de reforma sinodal afeta também toda a sociedade, pois caminhamos junto com toda a humanidade, sempre iluminada pelo Espírito, e a Igreja deseja participar de suas alegrias e angústias (GS 1). Daí a preocupação de Francisco por diversos temas: ecologia (*Laudato si'*, futuro sínodo sobre a Amazônia), defesa da paz e da justiça, preocupação pelos deslocados e imigrantes, abertura aos jovens (sínodo de 2018) etc.

Como resumo dessa atitude de reforma de Francisco, podemos apresentar algumas expressões suas que nos indicam por onde a Igreja deve caminhar, sob a força dinâmica do Espírito. É a sua Pneumatologia pastoral:

---

[6] Ver: SPADARO A.; GALLI. C. *La reforma y las reformas en la Iglesia*. Santander: Sal Terrae, 2016.

1. *Portas abertas*, a Igreja não é um cárcere, nem um museu, nem uma fortaleza medieval com muralhas, mas um lar com portas abertas e flores nas janelas, que acolhe a todos, recebe todos com amor e misericórdia... venham de onde vierem, a todos oferece uma mesa com pão e vinho.

2. *Sair à rua* para ir às periferias, às fronteiras geográficas e existenciais, mesmo com o risco de acidentar-se. Isso faz com que a Igreja não tenha saudade do passado, mas que se abra ao futuro e aos sinais dos tempos, aos novos areópagos. É uma Igreja em saída, em estado de missão.

3. *Hospital de campanha* para salvar, curar, suturar, vendar feridas do sofrimento humano e espiritual, salvar vidas ameaçadas de crianças, mulheres, indígenas, anciãos e incapacitados, sarar cicatrizes de pessoas que sofrem em seu corpo e em seu espírito.

4. *Igreja dos pobres* hoje descartados por um sistema desumano, pobres que são os prediletos do Senhor e um lugar teológico privilegiado.

5. *Difundir o odor do Evangelho*. Falar mais da graça do que da lei, falar mais de Cristo que da Igreja, mais da Palavra de Deus que do papa. Manter a hierarquia de verdades, a novidade do Evangelho, a alegria pascal.

6. *Ter cheiro de ovelha*. Perante posturas clericais de pastores fechados em seus despachos, distanciados da gente do povo, de funcionários que buscam o carreirismo, é preciso

aproximar-se do povo, tocar a carne de Cristo nos pobres, superar todo clericalismo, toda mundanização e patriarcalismo.

7. *Evangelizar com Espírito*. Evangelizar não é uma pesada obrigação, mas é fruto da alegria do Evangelho, do mesmo Espírito que impulsionou os apóstolos em Pentecostes e que anima e move a Igreja de hoje a perseguir a missão de Jesus.

CONCLUSÃO

Após este longo percurso, fica patente a presença e importância do Espírito na vida e no magistério do Papa Francisco, tanto em seu magistério pastoral, com afirmações claras e teológicas sobre o Espírito em seus documentos, como com sua atitude profética movida pelo Espírito e orientada para a reforma da Igreja e da sociedade. A sua teologia está movida pelo Espírito, pelo dinamismo de um Espírito que sopra onde quer, enche o universo, é fonte de novidade e sempre atua a partir de baixo, de Jesus de Nazaré e dos pobres da terra.

Os que acusam Francisco de não ser genuíno teólogo por vir do Sul, do fim do mundo, o que no fundo não aceitam, embora não se atrevam a expressá-lo, não é principalmente que a teologia de Francisco não seja acadêmica, e sim pastoral, mas, sobretudo, que a teologia de Francisco seja uma teologia diferente da tradicional elaborada em escritórios e bibliotecas da sociedade do bem-estar, porém, afastada do povo, de seu sofrimento e do seu clamor.

A teologia de Francisco acerca do Espírito não é uma Pneumatologia acadêmica, mas uma teologia profética e pastoral, a partir de baixo, dos pobres. É isso que a muitos questiona e incomoda.

Podemos aplicar a Francisco o que o bispo poeta Pedro Casaldáliga afirma de Monsenhor Romero: "Os pobres te ensinaram a ler o Evangelho".

SUMÁRIO

Introdução 7

1. Magistério explícito de Francisco sobre o Espírito 11

2. A presença do Espírito no magistério pastoral profético de Francisco 23

Conclusão 37

Impresso na gráfica da
Pia Sociedade Filhas de São Paulo
Via Raposo Tavares, km 19,145
05577-300 - São Paulo, SP - Brasil - 2018